CHINE - JAPON

Mᵉˢ Lair Dubreuil et Dubourg
M. André Portier

Fondée en 1900, la "Société Franco-Japonaise de Paris" est, de par l'article premier de ses statuts, un "centre où se traitent toutes les questions dont s'occupent, à un titre quelconque, les japonisants ; artistes, industriels, commerçants, amateurs et savants· Elle favorise le développement des relations sociales entre les Français et les Japonais, en offrant aux résidents et voyageurs français au Japon et japonais en France, l'assistance dont ils ont besoin pour leurs études et leurs affaires.

La Société a pour moyens d'action :

1º. — Des Conférences généralement mensuelles.

2º. — Une Bibliothèque, ouverte aux membres de la Société, tous les Vendredis, de 2 heures à 6 heures. Riche de plus d'un millier de volumes, concernant le Japon, elle comprend notamment : les collections et ouvrages suivants : *La Kokka*, le superbe recueil intitulé *National Temples and their Treasures*; *L'Histoire de l'Art du Japon*, publié par la Commission Impériale ; *Les Transactions de la Japan Society de Londres*; *L'Asiatic Society du Japon* ; *Les Mitteilungen de la Société Allemande de Tokyo*, etc.

3º. — Les bons offices d'un Secrétaire interprète, qui se tient également le Vendredi, au Siège de la Bibliothèque, à la disposition des Membres de la Société·

4º. — **Un Bulletin trimestriel**, honoré depuis 1906 d'une souscription du Ministère de l'Instruction publique. De nombreuses Bibliothèques publiques, tant en France qu'au dehors, le reçoivent aujourd'hui.

Au cours de ces dernières années, le Bulletin a donné à ses lecteurs la primeur d'un bon nombre d'articles, dûs à des plumes autorisées, concernant les Beaux-Arts et la Littérature du Japon. En voici une liste sommaire :

P. LEMOISNE : Les maitres de la Gravure japonaise.
RAYMOND KŒCHLIN : Etudes sur *Sharaku, Buncho, Kyonaga, Utamare*, etc.
P. MALLON : Les primitifs de l'estampe japonaise.
E. DESHAYES : L'Exposition retrospective d'Art japonais a Londres

ISHIKAWA : Une Poëtesse japonaise et son œuvre, Sei Shonagon.
T. MIYAMOTO : Le Nó, drame lyrique du Japon.
TAKIMURA : Esquisse psychologique du peuple japonais.
G MIGEON : Shunku Sugiura.
H. L. JOLY : Introduction à l'étude des montures de sabre.
Marquis DE TRESSAN : L'évolution de la garde de sabre du Japon.
ROGER BRYLINSKI : Ten Ichi Rô, roman historique adapté du japonnis.
CH. LEROUX : La Musique japonaise classique.
A. WESTARP : A la découverte de la Musique japonaise
ALEX. HALOT : Formose.
R. PETRUCCI : Chroniques archéologiques d'Extrême-Orient.
E. CLAVERY : L'Institut historique de Tokyo.
T. MOLLER : Chroniques des Expositions et Ventes.
H. MYLÈS : Paysages japonais.
H. VEVER : Influence de l'Art japonais sur l'Art décoratif moderne, etc.

Les prochains numéros contiendront des articles, signés des noms qui viennent d'être cités et la suite des chroniques, si appréciées, de MM. R. Petrucci et T. Möller, qui ont bien voulu promettre de continuer leur collaboration.

L'article 4 des statuts dispose :

" Pour entrer dans la Société, il faut être présenté par deux membres et agréé par le Conseil.

Le montant des Cotisations, pour les diverses catégories de Sociétaires. est fixé ainsi qu'il suit :

	Monnaie française	Monnaie japonaise
Membre annuel	15 Francs	5 Yen 80
Membre à vie	150 Francs	58 Yen
Membre donateur	300 Francs	116 Yen

(Exonérant de la cotisation annuelle.)

Prix de l'insigne (facultatif : 12 Francs ou 4 Yen 65).

Sur demande affranchie, adressée au Siège de la Société, Pavillon de Marsan, 107, Rue de Rivoli, le Secrétaire général enverra une formule d'adhésion ainsi qu'un exemplaire des statuts. Il se tient d'ailleurs à la disposition de ses Collègues, ainsi que des personnes étrangères à la Société, tous les vendredis de 2 heures à 3 heures et demie, à la Bibliothèque de cette Société, 59, avenue du Bois de Boulogne (Musée d'Ennery).

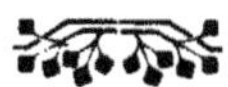

CHINE - JAPON

Mᵉˢ Lair Dubreuil et Dubourg
M André Portier

Catalogue d'une Collection

de

Gardes de Sabres Japonaises

ARMES ET ARMURES

Porcelaine de la Chine et du Japon

BRONZES ⌀ BOIS SCULPTÉ

PEINTURES, ETC.

Dont la vente aura lieu à l'HOTEL DROUOT, Salle n° 9

Le LUNDI 25 NOVEMBRE 1912, à 2 heures

COMMISSAIRES PRISEURS :

Mᵉ LAIR-DUBREUIL | **Mᵉ DUBOURG**
6, RUE FAVART | 11, RUE ST-ANNE

EXPERT

M. André PORTIER
24, RUE CHAUCHAT

chez lesquels se distribue le présent catalogue

Exposition Particulière

chez M. PORTIER, 24, rue Chauchat

Les 20, 21, 22 NOVEMBRE 1912, de 9 heures à 6 heures

Exposition Publique

à L'HOTEL DROUOT, Salle n° 9

Le DIMANCHE 24 NOVEMBRE 1912, de 2 h. à 6 heures

CONDITIONS DE LA VENTE

Elle sera faite expressément au comptant.

Les acquéreurs paieront 10 pour 100 en sus des enchères.

L'exposition mettant les amateurs à même de se rendre compte de l'état des objets, il ne sera admis aucune réclamation, une fois l'adjudication prononcée.

L'expert sera présent à l'Exposition publique et se tiendra à la disposition de MM. les Amateurs qui auraient des renseignements à lui demander ou des ordres d'achat à lui confier.

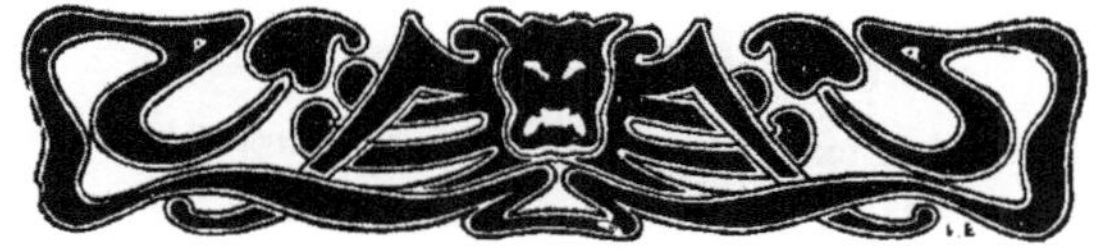

GARDES DE SABRES

TYPES DE STYLES PRIMITIFS

1. — Garde en fer, quadrilobée, découpée d'un motif de roue.

2. — Garde en fer, quadrilobée, ciselée et martelée.

TYPES D'INCRUSTATION

3. — Garde en fer, octogonale, repercée de quatre cercles, incrustée d'un motif de clous et de fils de cuivre.
XIV siècle.

4. — Garde en fer, ronde, découpée et incrustée en cuivre d'un chrysanthème stylisé.
XVI siècle.

5. — Garde en fer, largement découpée et incrustée de cuivre jaune.
XVI siècle.

6. — Garde en fer découpée d'une rave et incrustée en cuivre de
motifs circulaires.
XVI° siècle.

7. — Petite garde en fer, incrustée d'un feuillage, en cuivre jaune.
XVIe siècle.

7b — Garde en fer, ovale, incrustée en cuivre de motifs géométriques.

ATELIERS DES KANEIYÉ

8. — Petite garde en fer, ciselée en léger relief, avec incrustations
fines d'un petit personnage sur un bœuf.
Signée : Kaneiyé à Fushimi en Yamashiro.

9. — Garde en fer, ciselée en relief de deux pêcheurs au bord de
la mer.

10. — Garde en fer, ovale, ciselée d'une barque au bord de la
mer. Dans le ciel trois oies.
Signée : Kaneiyé.

STYLE DE GOTO ET DE NOMURA

11. — Petite garde en shakudo, à fond de nanako, ciselée en fort
relief d'un dragon doré, dans les nuages.

12. — Garde ovale en shakudo, à fond de nanako, ciselée et incrustée d'oiseaux sous les branches d'un arbre.

13. — Garde quadrilobée, en shakudo, incrustée et ciselée d'un
dragon.

MUKADE

14. — Garde en fer, circulaire, légèrement incrustée de fils de fer
et de fils de cuivre, selon le type dit « mukade ».

15. — Garde en fer quadrilobée, découpée de motifs géométriques
et incrustée en manière de mukade.

FAMILLE DES MYOCHIN

16. — Petite garde en fer, ovale, découpée de motifs géométriques,
ciselée légèrement de caractères.

Signée : Nobuiyé.

17. — Garde en fer, quadrilobée, ciselée en léger relief d'une
ancre et d'une pieuvre.

18. — Garde en fer, octogonale, à bords épais, ciselée de caractères
d'écriture.

STYLE DES UMETADA

19. — Garde en fer quadrilatérale, ciselée en relief d'un éléphant
damasquiné en or et argent.

20. — Garde en fer, quadrilatérale, martelée et damasquinée de
deux petits dragons.

21. — Petite garde ovalaire, en bronze jaune, imitant une vannerie.

22. — Garde en fer, ciselée en léger relief d'une fleur de glycine,
damasquinée.

FAMILLE DES SHOAMI

23. — Garde circulaire en fer, ciselée d'un personnage. Incrustation en shakudo.

XVIIe siècle.

24. — Garde ovale en fer, ciselée et incrustée en relief de métaux divers d'une pochette à tabac, de rats, d'éventail et de coquillages.

25. — Garde circulaire, en fer, ajourée de deux raves.

Signée : Shoami Shigenobu (artiste du XVIIIe siècle à Yedo).

26. — Garde en fer, en forme de champignon, incrustée d'un colimaçon.

Signée : Kaneyuki.

ATELIERS DE LA PROVINCE OMI

27. — Garde ovale, en fer, ajourée, ciselée et incrustée de deux personnages endormis sous les pins. Damasquinures d'or.

Signée : Niudo Soheishi Soten à Hikoné.

28. — Garde ovale, en fer, ajourée, ciselée et incrustée d'une scène guerrière. Damasquinures d'or.

Signée : Soten à Hikoné.

29. — Garde quadrilatérale, aux angles arrondis, en bronze uni. Les angles sont en mokume.

Signée : Soten à Hikoné.

30. — Garde ovale, en fer, découpée en négatif d'un oiseau de Hô.

Signée : Kanetoshi, habitant à Hikoné.

31. — Garde ovale, en fer, repercée et ciselée d'une plante aquatique.

Signée : Masayoshi à Hikoné.

32. — Garde ovale, en fer, découpée et ciselée : branche de pin.
Signée : Manki à Hikoné.

33. — Garde, en bronze jaune, ajourée et ciselée, représentant un dragon.
Signée : Toshinaga à Hikoné.

34. — Garde en bronze jaune, ajourée et ciselée, représentant un dragon.
Signée : Toshimasa à Hikoné.

ATELIERS DE LA PROVINCE NAGATO

35. — Garde en fer, quadrilatérale, ciselée en léger relief de deux petits personnages au pied des montagnes.
Signée : Tomokiyo, à Hagi en Nagato
(artiste de la famille Yamichi, 2e moitié du XVIIIe siècle)

36. — Garde en fer, ovale, ciselée d'un paysage.
Signée : Tomoyoshi. (Elève de Masayoshi de la famille Sano, 1re moitié du XIXe siècle.

37. — Garde en fer, ovale, ciselée en relief de deux singes près d'une cascade.
Signée : Tomonobu, à Hagi en Nagato
(Artiste de la famille Kawasaki ; 2e fils de Tomotsune II, 1e moitié du XVIIIe siècle.

38. — Garde en fer, ovale, ciselée en relief d'un paysage.
Signée : Hitatsugu à Hagi en Nagato.

ATELIERS DES NARA-HAMANO

39. — Garde en bronze jaune, quadrilatérale, incrustée en relief d'un cerf sous la lune.

40. — Petite garde en fer, ovale, ciselée en relief et incrustée de deux petits personnages.

41. — Garde ovale, en shakudo, ciselée et incrustée en or, argent et shibuitshi d'un cavalier traversant les flots.

Signée : Morinao.

42. — Garde ovale, en cuivre rouge, ciselée et incrustée en or, d'un arbre devant le disque du soleil.

ignée : Masayuki à l'age de 65 ans (Artiste de la famille Hamano, à Yedo 1695-1769. Elève de Toshinaga I.)

ATELIERS DIVERS

43. — Garde en fer, ciselée en fort relief et incrustée d'une libellule.

44. — Garde en fer, ovale, ajourée et ciselée d'un dragon.

Signée : Tomoyoshi Ichiriu à l'âge de 63 ans
(Probablement Tomoyoshi IV de la famille Hitotsuyanagi, à Mito en Hitachi au XIXᵉ siècle.

45. — Garde ovale, en fer, incrustée et ciselée en fort relief d'un guerrier.

Signée : Toshihisa. (Artiste de la famille Shimamura.
Elève de Naotoshi de la famille Morikawa, XIXᵉ siècle)

46. — Garde en bronze, laquée : vol de cigognes au dessus des pins.

Signée : Joka. (Artiste de la famille Yamada, laqueurs à Yedo).

47. — Petite garde en shakudo, finement incrustée en or, argent et cuivre rouge de cigognes au bord des flots.

Signée : Josei. (Artiste de la famille Uchida, fils de Joyu ; 2ᵉ moitié du XVIIIᵉ siècle à Yedo.

48. — Garde circulaire, en bronze, à motif rayonnant : stylisation du chrysanthème.

49. — Garde en fer, quadrilatérale, découpée et ciselée finement de crevettes dans des rinceaux.

Style voisin des Nambau.

50. — Garde en fer, circulaire, représentant un chapeau de paille.

Signée : Mioju.

51. — Garde ovale en shakudo, ciselée d'un dragon dans les flots.

Signée : Masayoshi Riyokawa.

52. — Garde en shakudo, ajourée et ciselée d'un dragon.
Signée : Yoshihide Omori.

53. — Garde ovale, en fer, ajourée. Les ajourages sont bouchés
par du bronze rouge : une barque sur les flots.

54. — Garde ovale, en bronze jaune, ciselée et incrustée d'une
scène guerrière.
Signée : Nagahidé. à l'âge de 64 ans
(artiste de la famille Hirata à Tokushima dans la province de Awa au XVIII' siècle

55. — Grande garde circulaire en fer, repercée de six croix.
Signée : Hirokuni.

56. — Garde en bronze rouge, repercée et ciselée des branches d'un
saule au dessus de l'eau, incrustée d'insectes en or.

57. — Garde en fer, ovale, ajourée d'un bateau sur les flots.
Signée : Masayoshi en Mushashi.

58. — Garde en cuivre rouge, cerclée de shakudo, incrustée et finement ciselée d'un tigre.
Signée ; Katsura Bunko Yosensai.

59. — Grande garde en bronze rouge, ciselée en fort relief du dieu
du tonnerre et d'un personnage sous le vent. Incrustations
d'or. Au dos, deux petits personnages, dans le vent, gra-
vés au trait.
Signée : Sazuki Yoko.

60. — Garde en fer, circulaire, percée d'un motif géométrique.
Signée : Sadakane.

61. — Garde en fer, incrustée de tiges fleuries.
Signée : Aritsune (Artiste de la famille Sawaya, à Kioto au XIX siècle)

62. — Garde circulaire, en shakudo, repercée d'un motif géométrique très régulier.

63. — Garde circulaire, en fer, gravée en creux de nuages et du
croissant de la lune.
Signée : Nobuyaki Makuriyo.

64. — Un lot de 190 gardes en fer.
(sera divisé)

ARMES ET ARMURES

65. — Une armure complète, d'officier, au XVIII⁰ siècle. Laque et
passementerie.

66. — Un beau sabre à fourreau, laqué et poignée de galucha.
Jolie lame signée Yamato Kuni Hosho Sada Mune.

67. — Autre sabre à fourreau, burgauté et poignée de galucha.
Fushi et kashira finement ciselés. Garde de l'école des
Soten.

68. — Joli sabre de parade, à fourreau de laque nashiji, décoré en
laque d'or, d'armoiries de daymio. Belle lame ancienne.

PORCELAINES

69. — Une potiche, en porcelaine blanche décorée en bleu des
« Cent enfants ».
Epoque Kienlong.   Haut. 0 m. 46

70. — Autre potiche, à décor bleu sur fond blanc, représentant des
jeunes musiciennes sur une terrasse fleurie.
Epoque Kienlong.   Haut. 0 m. 41

71. — Une paire de petits vases à panse cotelée, décorés en bleu
de panneaux fleuris et de caractères.
Cachet de Makuzo (Japon).   Haut. 0 m. 24

72. — Un pot à thé et son couvercle, en porcelaine, bleu et blanc,
à décor de fleurs de pêcher.
Epoque Kienlong   Haut. 0 m. 27

73. — Un vase à panse évasée, en porcelaine bleu et blanc, décoré
en relief de branches d'hortensias fleuris.

(Japon). Haut. 0 m. 27

74. — Un vase de forme carrée, légèrement cintrée, décoré en
émaux polychromes de scènes de palais.

Epoque Taokouang Haut. 0 m. 40

75. — Une jolie bouteille à col allongé; couverte sang de bœuf.

XVIIe siècle. Haut. 0 m. 33

76. — Une autre bouteille sang de bœuf.

XVIIIe siècle. Haut. 0 m. 37

77. — Une bouteille, flambé décor polychrome.

Epoque Kienfong. Haut. 0 m. 32

78. — Un vase cornet à panse hexagonale décoré en émaux verts
sur fond jaune de motifs fleuris et de caractères du bonheur.

Epoque Hienfong. Haut. 0 m. 28

79. — Deux jolis bols sang de bœuf.

Epoque Kanghi. Diam. 0 m. 16

80. — Petite statuette en blanc de Chine, représentant la Kwannon aux mille bras, assise sur un lotus.

Haut. 0 m. 25

81. — Petit vase ballustre à décor flammé polychrome.

Haut. 0 m. 14.

82. — Statuette en grès de Bizen, représentant Foukou-rokou-djou,
son chasse mouche à la main.

Haut. 0 m 26.

83. — Une théière Satsouma à fin décor fleuri.

Haut. 0 m. 23

84. — Une petite théière bleu et blanc Imari.

Imari.

85. — Dix assiettes Imari, bleu et blanc, à décor de paysages
chinois.

Diam. 0 m. 25

86. — Onze assiettes bleu et blanc, à décor de paysages.

Diam. 0 m. 22

87. — Six bols, à fin décor fleuri bleu et blanc.

Epoque Kienlong.

88. — Grand vase de forme allongée, en porcelaine bleu et blanc,
décoré d'un paysage vu entre de nombreux troncs
d'arbre.

Très jolie pièce décorative ayant figuré à l'exposition de Tokio (1904)
dans l'exposition hors concours de Makuzu.   Haut. 0 m. 90
Signé : Yoshida.

89. — Joli plat encadré en porcelaine bleu et blanc, de même décor
que le vase précédent.

Cachet de Makuzu.   Diam. 0 m. 54

90. — Autre plat encadré, décoré de carpes se jouant dans les
vagues.

Cachet de Makuzu.   Diam. 0 m. 54

91. — Un plat à marli dentelé, décor bleu et blanc représentant
un paysage de style chinois.

Imari.   Diam. 1m.50

92. — Deux jolies potiches couvertes, à décor polychrome, représentant des ibis et des phénix au milieu de massifs de
pivoines fleuries.

Très jolies pièces décoratives. Décor famille rose.   Haut. 0 m. 50

93. — Petit vase décoré sur fond céladon craquelé de zones et de
palmettes en émaux bruns.

Haut. 0 m. 17

94. — Une assiette plate, fond crême craquelé.

Japon. XVIIIᵉ siècle

95. — Deux assiettes plates, couverte crême craquelée, à décor
de roseaux.
Japon, XVIII⁰ siècle.

96. — Un bol à couverte grise craquelée.
Japon Takatori. XVIII⁰ siècle.

97. — Un joli bol à couverte laiteuse, finement craquelée.
Japon. XVIII⁰ siecle.

98. — Un bol à décor rayé polychrome.
Japon XIX⁰ siècle

99. — Une boîte à pâte en poterie rosée.
Rakou.

100. — Une boîte à parfums en vieille poterie, représentant une coif-
fure de daymio.

101. — Un lot de coupes et soucoupes en porcelaines diverses, décor
bleu et blanc.

102. — Deux petites statuettes en poterie de fouille.
Style des Tang.

103. — Un très beau plat creux, décoré d'un phénix sous un arbre
en fleurs.
Epoque Kienlong.

MÉTAUX DIVERS

104. — Une jolie coupe creuse en argent martelé et repoussé.

« Cette pièce reproduit celle qui fut offerte au Prince de Corée par le prince impérial du Japon lors de sa visite en 1906   Diam. 0 m. 25

105. — Un grand porte-cierge en bronze, représentant un filet de pêcheur.

Haut. 0 m. 90

106. — Petite statuette en bronze, représentant un guerrier coréen à cheval.

Haut. 0 m. 24

107. — Petit groupe en bronze argenté, représentant un philosophe chinois assis sur un cerf.

108. — Très joli brûle-parfums en bronze, la panse finement décorée en relief de rinceaux fleuris et supportée par quatre pieds à épaulement de têtes de chimères. Deux anses, salamandres, en bronze doré, enjambent le couvercle finement ciselé de dragons dans les flots.

Joli travail du XVIIIe siècle.   Haut. 0 m. 33

KAKEMONOS

109. — Un kakemono, représentant le groupe des Sept Dieux du Bonheur, jouant et buvant.

110. — Un kakemono, représentant la mort de Bouddha, autour duquel sont venus se grouper les divinités terrestres et les divers animaux de la création.

111. — Kakemono. Divinités groupées au milieu des nuages.

112. — Kakemono. Personnages groupés autour d'une courtisane.

113. — Kakemono. Jeune garçon près d'une cascade, faisant ses dévotions aux pieds d'une Kwannon.

114. — Quatre peintures sur soie, représentant des épisodes des guerres chinoises.

115. — Un makemono.

Sujet érotique

DIVERS

116. — Très belle boîte à correspondance en laque d'or, richement
décorée en haut relief d'un paysage montagneux.

XVIII⁰ siècle.   Dim. 0 m. 40 sur 0 m. 30

117. — Jolie boîte écritoire, formant garniture avec la pièce précé-
dente, et de décor similaire. Mizuire en argent représentant une chaumière.

Dim, 0 m. 26 sur 0 m. 24

118. — Un joli plateau d'opium en bois finement incrusté de nacre.

Jolie pièce de l'époque Yungching.

119. — Un petit plateau rectangulaire en bois incrusté de nacre.

120. — Un coupe-papier en ivoire, sculpté de motifs tirés du temple
de Nikko.

121. — Un petit vase à offrandes en bronze.

122. — Deux petits groupes, en bois sculpté, représentant des divinités.

123. — Deux gong et leur support.

124. — Une statuette en pierre de lard polychrome.

125. — Un presse papier, pierre et bronze.

126. — Un support tabouret.

Travail mauresque.

127. — Un chale cachemire.

128. — Une coupe en étain ciselé.

129. — Objets divers.

IMPRIMERIE KELLER & POIRIER

83. RUE ROCHECHOUART

PARIS